Bibliografische Information der Deutschen Nationalbibliothek:

Die Deutsche Bibliothek verzeichnet diese Publikation in der Deutschen National-
bibliografie; detaillierte bibliografische Daten sind im Internet über http://dnb.d-
nb.de/ abrufbar.

Impressum:

Copyright © 2010 GRIN Verlag, Open Publishing GmbH
Druck und Bindung: Books on Demand GmbH, Norderstedt Germany
ISBN: 9783640624850

Dieses Buch bei GRIN:

http://www.grin.com/de/e-book/150058/wirtschaftlichkeitsaspekte-von-it-sicher-
heitsmanagement

Eduard Fuchs

Wirtschaftlichkeitsaspekte von IT-Sicherheitsmanagement

GRIN Verlag

GRIN - Your knowledge has value

Der GRIN Verlag publiziert seit 1998 wissenschaftliche Arbeiten von Studenten, Hochschullehrern und anderen Akademikern als eBook und gedrucktes Buch. Die Verlagswebsite www.grin.com ist die ideale Plattform zur Veröffentlichung von Hausarbeiten, Abschlussarbeiten, wissenschaftlichen Aufsätzen, Dissertationen und Fachbüchern.

Besuchen Sie uns im Internet:

http://www.grin.com/

http://www.facebook.com/grincom

http://www.twitter.com/grin_com

Wirtschaftlichkeitsaspekte von IT-Sicherheitsmanagement

Studienarbeit
im Kurs IT-Sicherheitsmanagement
MBA-Studiengang IT-Management 2009
der
Fachhochschule Ingolstadt
Hochschule der angewandten Wissenschaften

Erstellt von Eduard Fuchs

Bearbeitungszeitraum: November 2009 bis Januar 2010

Niederalfingen, 15. Januar 2010

Inhaltsverzeichnis

Abbildungsverzeichnis

Tabellenverzeichnis

Abkürzungsverzeichnis

bspw.	beispielsweise
z.B.	zum Beispiel
vgl.	vergleiche
f.	folgende (Seite)
ff.	fortfolgende (Seiten)
etc.	et cetera
bzw.	beziehungsweise
z.Z.	zurzeit
u.a.	unter anderem
sog.	sogenannte

1 Einführung

Seit Anbeginn der Zeit versucht der Mensch, seine Besitztümer abzusichern. Er versuchte dies mit Burgen, Festungen und sogar Bunkern zu erreichen. Hatte der Feind keine direkte Zutrittsmöglichkeit, wähnte der Besitzer sich und sein Hab und Gut in Sicherheit.

Heutzutage ist die Information das höchste Gut, und um den Schutz dieser Informationen ist eine komplette Industrie entstanden. Das liegt daran, dass Informationen für Unternehmen und Behörden teilweise von existenzieller Bedeutung sind. In unserer vernetzten Welt jedoch, zu Zeiten des Internets, schrumpfen selbst größte Entfernungen auf die Distanz eines Mausklicks; in gleicher Weise stellen physische Grenzen wie Mauern, verschlossene Türen und selbst ausgefeilte Zutrittskontrollsysteme keine wirklichen Grenzen für moderne Bedrohungen wie Viren, Würmer, Trojaner und Hacker mehr dar. Um diesen Gefahren begegnen zu können, braucht es eines anderen Ansatzes; ein rein technischer Ansatz reicht hier nicht aus. Für ein angemessenes Sicherheitsniveau ist ein gemeinsames Vorgehen aller Beteiligten erforderlich. Voraussetzung dafür ist eine systematische Vorgehensweise, welche auch Planungs-, Lenkungs- und Kontrollaufgaben beinhaltet. All diesen Aufgaben stellt sich das IT-Sicherheitsmanagement eines Unternehmens[1].

Keine Firma und auch keine Behörde kann es sich mehr leisten, Daten ungeschützt zu lassen. Allerdings sind die Kosten, die dieser Schutz verursacht, für die meisten Sicherheitsverantwortlichen nicht leicht zu verargumentieren. Jeder weiß zwar, dass diese Ausgaben notwendig sind, allerdings kann niemand so wirklich die Kosten für ein entsprechendes Sicherheitsmanagement im Voraus beziffern, noch im Nachhinein feststellen, ob sich die Ausgaben dafür amortisiert haben. Angesichts knapper werdender Budgets und einer allgegenwärtigen Kosten-Nutzen-Rechnung in der IT, wird immer öfter die Frage nach der Wirtschaftlichkeit von Sicherheitsmaßnahmen offen gestellt.

Auf den folgenden Seiten werden Wirtschaftlichkeitsaspekte des IT-Sicherheitsmanagements aufgezeigt. Ausgehend von einer Analyse des Themas wird anhand eines konkreten Zahlenbeispiels aus dem IT-Security-Bereich dargestellt, wie sich ein IT-Sicherheitsmanagement in eine Kosten-/Nutzenrechnung integrieren und sich dessen Rentabilität belegen lässt. Im Anschluss daran folgen eine Bewertung der verwendeten Methode sowie ein Ausblick auf weitere mögliche Vorgehensweisen.

---

[1] Vgl. (BSI, 2008)

2   IT-Sicherheitsmanagement

2.1   Begriffsverständnis und Einordnung

IT-Sicherheitsmanagement ist ein Teil des IT Managements, berichtet jedoch aufgrund konkurrierender Ziele ähnlich wie das Qualitätsmanagement direkt an die Geschäftsleitung[2]. Wie in der Einführung bereits angerissen, umfasst es in einem privaten oder öffentlichen Unternehmen die Planung, Steuerung und Kontrolle der Sicherheit entlang der jeweiligen Unternehmensstrategie. Das Ziel ist der Erhalt von Verfügbarkeit, Integrität und Vertraulichkeit wichtiger Informationen[3]. Federrath definiert es folgendermaßen:

> *„IT-Sicherheitsmanagement versucht, die mit Hilfe von Informationstechnik (IT) realisierten Produktions- und Geschäftsprozesse in Unternehmen und Organisationen systematisch gegen beabsichtigte Angriffe (Security) und unbeabsichtigte Ereignisse (Safety) zu schützen."*[4]

Die Zielsetzung erfolgt dabei auf Managementebene in Form von Leitlinien, aus welchen konkrete Sicherheitsanforderungen an die Informationssysteme abgeleitet werden[5]. Dabei ist nach Hofmann IT-Sicherheitsmanagement ein kontinuierlicher Prozess, der die IT Sicherheit innerhalb einer Organisation gewährleisten soll[6]. Dieser Prozess wird u.a. auch beim ISO 27001-Standard als Plan-Do-Check-Act-Kreislauf abgebildet, ähnlich wie in folgender Abbildung[7]:

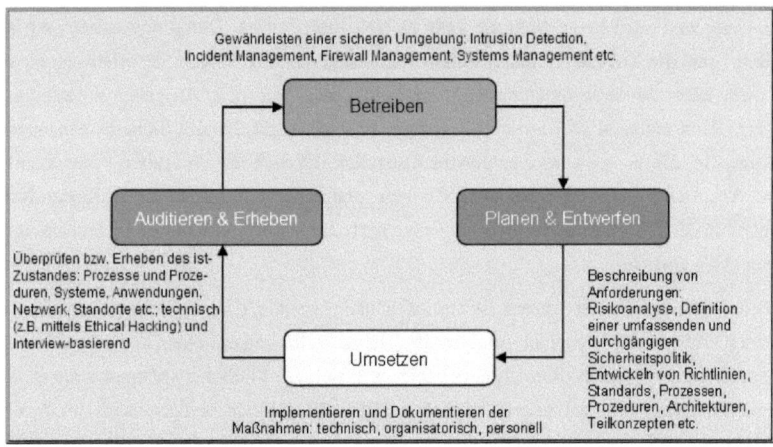

Abbildung 1 - IT-Sicherheitsmanagement-Prozess als Plan-Do-Check-Act-Kreislauf.

---

[2] Vgl. (Mörike, 2004 S. 107)

[3] Vgl. (Krcmar, 2010 S. 563)

[4] (Federrath, 2008 S. 4)

[5] Vgl. (Krcmar, 2010 S. 564)

[6] Vgl. (Hofmann, 2007 S. 236)

[7] In Anlehnung an (Peter, 2004 S. 8), und (Krcmar, 2010 S. 581)

2.2 Bedeutung

In heutigen Unternehmen sind fast sämtliche Geschäftsprozesse von IT abhängig. Steigende Vernetzung (lokal und global), wachsende Komplexität, Öffnung der Systeme (Remote Access zur Fernwartung, Internet, etc.) und eine weite IT Durchdringung in allen Wirtschaftsbereichen haben eine steigende Abhängigkeit von der IT zur Folge – bei gleichzeitig steigender Angreifbarkeit[8]. Dies belegen z.b. die Statistiken von CERT: so ist die Zahl der Sicherheitslücken von 1090 im Jahr 2000 auf 7236 im Jahr 2007 angestiegen – Tendenz weiter steigend[9]. Nach Lubich hat hier in den letzten 20 Jahren auch eine substantielle Verlagerung der intellektuellen Leistung des Erkennens und Ausnutzens von Sicherheitsschwachstellen stattgefunden; so sieht man sich heute einer sehr großen Anzahl von potentiellen Angreifern gegenüber, welche die für jedermann verfügbaren, komplexen Angriffswerkzeuge nur noch nach Handbuch einsetzen - dies jedoch flächendeckend, rund um die Uhr[10].

Bei der Relevanzbetrachtung sollte nicht übersehen werden, dass teilweise neue Wertschöpfungsketten, Geschäftsmodelle (SCM, ERP, CRM), Mobile Computing (Handys, PDAs, Smart-Phones), etc. schwerpunktmäßig auf Informationstechnologie beruhen und ohne funktionierende IT Security nicht denkbar wären[11].

Nicht zuletzt ergeben sich auch zumindest implizit aus gesetzlicher Hinsicht Anforderungen an das IT-Sicherheitsmanagement[12]. Nennenswerte Beispiele hierfür sind aus Bankensicht Basel II, für an US Börsen notierte Unternehmen der Sarbanes-Oxley-Act (SOX), für Aktiengesellschaften das KonTraG und für die Versicherungswirtschaft die z. Z. von der EU unter dem Begriff Solvency II entwickelte Richtlinie.

2.3 Nutzen

Entgegen der vielfach vorherrschenden Meinung kann gutes IT-Sicherheitsmanagement nicht nur zur Vermeidung von Schäden beitragen, sondern auch aktiv Kosten reduzieren, wobei einige Nutzenaspekte bereits im vorangehenden Kapitel 2.2 erläutert wurden. Darüber hinaus gibt es durchaus konkrete wirtschaftliche Vorteile, die sich aus einem professionellen IT-Sicherheitsmanagement ergeben können, aber ertragsseitig teilweise nicht immer eindeutig bestimmen lassen:

---

[8] Vgl. hierzu (Hofmann, 2007 S. 233 f.), sowie (Biere, 2006)

[9] Vgl. (CERT, 2009)

[10] Vgl. (Mörike, 2004 S. 10)

[11] Vgl. (Peter, 2004)

[12] Vergleiche auch für die folgenden Beispiele (Hofmann, 2007 S. 236 ff.)

Vermeidung von Image-Schäden

Die negativen Folgen eines Imageschadens lassen sich sehr schwer monetär beziffern.
Stellvertretend sei hier nur auf die Datenskandale der Telekom (Missbrauch von Millionen
Kundendatensätzen aufgrund fahrlässigen Datenschutzes[13]), bei SchülerVZ (1,6 Mill. Nutzer-
Daten wurden über eine Sicherheitslücke ausgelesen) sowie des Buchhandels-Grossisten Libri
(Diebstahl von mehr als 20.000 Kunden- und Rechnungsdaten) verwiesen[14] - alles aktuelle
Vorfälle aus dem Jahr 2009.

Wettbewerbsvorteile bspw. durch ISO 27001-Zertifizierung[15]

Bei öffentlichen oder privatwirtschaftlichen Vergabeverfahren ist oftmals eine entsprechende
Zertifizierung Voraussetzung, um überhaupt an der Vergabe teilnehmen zu können. Ohne ein
nachweisführendes IT-Sicherheitsmanagement fehlt die Möglichkeit, sich für solche Aufträge zu
bewerben - was eins zu eins entgangenem Umsatz gleichkommt.

Automation im Identitätsmanagement

Eine Senkung der Prozess- und/oder Personalkosten ermöglicht eine relativ einfache
Rentabilitätsbetrachtung. Beispiele[16] hierfür sind die Einführung einer Single-Sign-On-Lösung
bei einer Schweizer Bank (UBS AG), welche dadurch ein Einsparpotenzial von 2,4 Millionen €
pro Jahr realisieren konnte, sowie in der Automobilindustrie die Einführung der digitalen
Signatur für Motorsteuergeräte zur Verhinderung von Manipulationen (sog. „Chip-Tuning"),
welche durch stärkeren Verschleiß zu erhöhtem Wartungsaufwand in der Garantiezeit und
insgesamt geringerer Produkthaltbarkeit führen.

3 Wirtschaftlichkeitsaspekte

3.1 Allgemeine Betrachtung

Ein besonderer Aspekt[17], der bei Wirtschaftlichkeitsbetrachtungen von IT Sicherheitsmaßnahmen
berücksichtigt werden muss, ist die Tatsache, dass die Risikominimierung nicht linear mit dem
Investment steigt. Die folgende Abbildung verdeutlicht dies:

---

[13] Vgl. (Röhrig, 2009)
[14] Vergleiche für die letzten beiden Beispiele (DPA, 2009)
[15] Vgl. (Hofmann, 2007 S. 241 und 261 f.)
[16] Entnommen aus Gadatsch/Uebelacker in (Mörike, 2006 S. 46 f.)
[17] Folgende Ausführungen lehnen sich teilweise an Pohlmann in (Mörike, 2006 S. 28 f.) an.

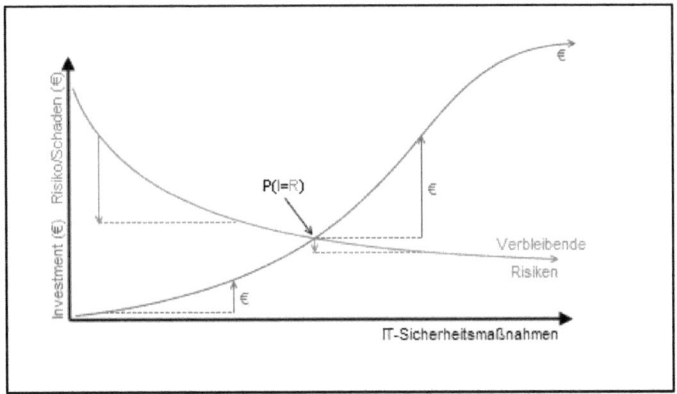

Abbildung 2 - Zusammenhang zwischen IT Sicherheitsrisiken, -maßnahmen und -investment[18]

Hieraus kann geschlussfolgert werden, dass das Pareto-Prinzip (80/20-Regel) auch für die IT Sicherheit gilt. Anders gesagt: mit 20% der möglichen IT Sicherheitsmaßnahmen können 80% Schutz erreicht werden - mit relativ geringem Aufwand kann also ein vernünftiger Grundschutz hergestellt werden. Unter Einbeziehung von IT Sicherheitsstandards wie bspw. der ISO 27001 ist auch Hofmann der Ansicht, dass sich IT-Sicherheitsmanagement mit weniger Ressourcenaufwand etablieren und aufrechterhalten lässt[19].

Ein weiterer Schluss, welcher aus obiger Darstellung gezogen werden kann: Investitionen über diesen Grundschutz hinaus sind im Verhältnis zur dadurch gewonnenen Sicherheit unverhältnismäßig höher. Die Maßnahmen werden gar unwirtschaftlich, wenn sie den Punkt P überschreiten, da der in Summe auftretende Schaden kleiner als die zu dessen Verhinderung eingesetzten Mittel sind. Dennoch kann dieses Investment erforderlich sein, z.b. durch gesetzliche Notwendigkeiten, Gründe im militärischen Bereich, zum Schutz der Gesellschaft, zum Schutz von Leib und Leben, aus Angst oder aus übertriebenem Sicherheitsgefühl.

Unabhängig von den folgenden Berechnungsmöglichkeiten und Beispielen muss jedoch klar sein, dass ein hundertprozentiges Maß an Sicherheit nur theoretisch existiert, da die ihr zugrunde liegende Komplexität niemals gänzlich beherrschbar ist. Der Aufwand für die Steigerung der Sicherheit nimmt, wenn man alle möglichen Ereignisse berücksichtigen möchte, exponentiell zu, aber die Sicherheit selbst nähert sich lediglich asymptotisch an 100% an[20] - egal, wie hoch das eingesetzte Budget ist. Das Ziel muss daher sein, das Restrisiko auf ein akzeptables Niveau zu senken.

---

[18] Eigene Darstellung in Anlehnung an (Pohlmann, 2004 S. 3), Windemann, et al. in (Mörike, 2006 S. 54), Jerger/Mitev in (Mörike, 2006 S. 82) und (Federrath, 2008 S. 16).

[19] Vgl. (Hofmann, 2007 S. 241)

[20] Vgl. (Krcmar, 2010 S. 568)

3.2 Die Quantifizierungsproblematik

Die im vorangegangenen Kapitel dargestellten Erkenntnisse lassen zwar die Zusammenhänge erkennen, dennoch ist mit diesen Aussagen noch keine Wirtschaftlichkeitsanalyse machbar. Die zentrale Frage die sich deshalb stellt, ist die Frage nach der Berechenbarkeit des Kosten- / Nutzenverhältnisses. Lubich hat hierzu einige Berechnungsansätze vorgeschlagen, welche zumindest die Ermittlung der Kosten für IT Sicherheit ermöglichen sollen:

Versicherungsrechnung[21]

Seinen Angaben zufolge investiert die Versicherungsbranche circa 2% der erwarteten Schadenshöhe in Gegenmaßnahmen. Eine darauf basierende Modellrechnung könnte folgendermaßen aussehen:

Erwartete Schadenshöhe:	10 Millionen €
Akzeptierte Schadenshöhe:	0,1 Millionen €
Kosten für Reduktion auf 0,1 Mio.€:	**0,2 Millionen €**
Ratio Schadenserwartung zu Kosten:	1:50 (2%)

Tabelle 1 - Modellrechnung auf Basis der Versicherungsrechnung

Hierbei ist jedoch fraglich, ob ein solch statisches Modell für IT Sicherheitskosten Gültigkeit hat, zumal es hier keinen „Prämientopf" wie bei einer Versicherung gibt.

Empirische Kostenschätzung[22]

Ein weiterer Vorschlag Lubichs ist der Vergleich der eigenen Aufwendungen mit denen anderer Unternehmen, sozusagen als Benchmarking. Hier zeigte eine industrieübergreifende Schätzung der Gartner Group vom Juni 2002 in Großbritannien einen durchschnittlichen Aufwand für IT Sicherheit von 3-5% des IT Budgets - jedoch ohne Kosten für die Schadensbewältigung. Diese Art der Aufwandsermittlung ist naturbedingt mit hohen Fehlern behaftet und kann daher kaum als Basis für eine fundierte Wirtschaftlichkeitsanalyse herangezogen worden.

Erfahrungswerte[23]

Aufgrund eigener Erfahrungen ist Lubich der Ansicht, folgende Werte als weiteren Benchmark zum Aufwand und zur Aufwandsverteilung für die IT Sicherheit im Unternehmen angeben zu können:

- circa 5-10% der IT Projektkosten, wobei zu beachten ist, dass vermeintlich billige Lösungen oft hohen Sicherheitsaufwand verursachen

---

[21] Vgl. (Mörike, 2006 S. 12)
[22] Vgl. (Mörike, 2006 S. 13)
[23] Vgl. (Mörike, 2006 S. 13)

- circa 15% der IT Infrastrukturkosten
- circa 10% IT Betriebskosten
- circa 3-5% des IT Personals

Auch diese Werte sind mangels nachvollziehbarer Grundlage (Erfahrungen einer Person) sowie naturgemäß hoher Streuung nicht brauchbar.

3.3 Annual Loss Expectancy (ALE)

ALE wurde erstmals 1979 vom National Bureau of Standards der Vereinigten Staaten von Amerika in deren Veröffentlichung „Federal Information Processing Standard" Nummer 65 („Guideline for Automatic Data Processing Risk Analysis") als neue Metrik für computerbezogene Risiken vorgeschlagen[24]. Der ALE drückt aus, wie hoch der jährlich zu erwartende Verlust (verbleibende Kosten / Schäden) bezogen auf eine Risikogröße ist. Um ihn zu bestimmen, muss zunächst ein Bedrohungsmodell erarbeitet werden, d.h. es müssen alle möglichen Schadensereignisse identifiziert und bezüglich ihrer jeweiligen Schadenshöhe (*SLE = Single Loss Expectancy*) bewertet werden. Diese werden dann mit der jährlichen Schadenshäufigkeit (*ARO = Annual Rate of Occurence*) multipliziert (siehe Formel 1; Formel 2 dient der Aggregation mehrerer Ereignisse).

$$ALE = SLE * ARO \qquad (1)^{25}$$

$$ALE = \sum_{i=1}^{n} I(O_i) F_i \qquad (2)^{26}$$

wobei: $\{O_{i,..}, O_n\}$ = Schadensereignisse

$I(O_i)$ = Monetäre Folgen eines Schadens (€)

F_i = Schadensfrequenz / -häufigkeit

Tabelle 2 - Berechnungsmöglichkeiten für ALE

Die nach Tabelle 2 berechneten Werte für den ALE beziffern dabei nur das monetäre Risiko, ohne Berücksichtigung von Sicherheitsmaßnahmen. Um ein Zahlenbeispiel zu nennen: eine Virusattacke, die eine Million Euro Schaden (=*SLE*) verursachen würde und mit einer Wahrscheinlichkeit von 40% (=*ARO*) auftritt, hat einen ALE von 400.000 €.

---

[24] Vgl. (Soo Hoo, 2000 S. 4)

[25] Vgl. (Tsiakis, et al., 2005)

[26] Vgl. (Soo Hoo, 2000 S. 4), (Tsiakis, et al., 2005), sowie (Federrath, 2008 S. 19)

3.4   Weiterentwicklung des ALE

Das ursprüngliche Konzept des ALE war darauf ausgelegt, IT Risiken monetär zu bewerten und wurde in Amerika in den achtziger Jahren hauptsächlich für Sicherheitsinvestitionen eingesetzt[27]. Diese Betrachtungsweise bietet jedoch keine Möglichkeit, getroffene oder zu treffende Sicherheitsmaßnahmen zu bewerten. Um deren Effekte zu berücksichtigen, wurde eine Erweiterung des ALE vorgenommen[28], welche die Eintrittswahrscheinlichkeit eines Vorfalls durch eine Sicherheitsmaßnahme modifiziert. Diese modifizierte Eintrittswahrscheinlichkeit berechnet sich folgendermaßen:

$$mARO = P * ARO \qquad (3)$$

wobei: P = Effekt der Sicherheitsmaßnahme

ARO = Annual Rate of Occurence (%)

Tabelle 3 - Modifizierte Eintrittswahrscheinlichkeit $mARO$

Formel drei zeigt, wie die Sicherheitsmaßnahme in die Berechnung mit einfließt. Um das Zahlenbeispiel von Kapitel 3.3 fortzusetzen, wird die Berechnung für zwei unterschiedliche Fälle vervollständigt. Wichtig dabei ist, dass die unterschiedlichen Maßnahmen, welche zur Schadensminderung durchgeführt werden, separat betrachtet werden.

Fall eins

Einführung einer Antivirus Software, welche die Wahrscheinlichkeit einer erfolgreichen Attacke auf 20% halbiert.

$$ALE_m = SLE * (P * ARO) \qquad (4)$$

$$ALE_m = 1\,Mio.\,€ * (0,5 * 40\%)$$

$$\rightarrow ALE_m = 200.000€$$

Tabelle 4 - ALE bei Einsatz einer Antivirus-Lösung

---

[27] Vgl. (Nowey, et al., 2005 S. 17)
[28] Vgl. (Berinato, 2002)

Fall zwei

Durchführung einer Mitarbeiter-Sensibilisierungskampagne, welche die Wahrscheinlichkeit einer Virusattacke um 5% reduziert.

$$ALE_m = 1\ Mio.\ € * (0{,}95 * 40\%)$$
$$\rightarrow ALE_m = 380.000€$$

Tabelle 5 - ALE bei Durchführung einer Sensibilisierungskampagne

Ergebnis

Unabhängig davon, mit welcher Risikoreduzierung man die Berechnung durchführt, führen die getroffenen Maßnahmen zu einer Reduzierung des ALE, also des erwarteten jährlichen Verlustes aufgrund einer Virusattacke. Mit dieser Vorgehensweise ist eine Vergleichbarkeit von Sicherheitsmaßnahmen auf monetärer Basis möglich.

Kritik

Beim ALE fehlt die Rentabilitätsbetrachtung, d.h. es werden weder die Kosten[29] für die Sicherheitsmaßnahme berücksichtigt, noch wird der dadurch erzielte Return dargestellt. Dieser Makel lässt sich mit der im Folgenden dargestellten Berechnungsmethode beseitigen.

3.5 Return on Security Investment (RoSI)

Der bekannteste Ansatz zur Berechnung des Nutzens von Investitionen ist der ROI (Return on Investment). Dieser bilanzierungsorientierte Ansatz wird im Bereich der IT Sicherheit „Return on Security Investment", oder kurz RoSI genannt. RoSI basiert auf dem bereits vorgestellten ALE, kalkuliert jedoch die mit einer Sicherheitsmaßnahme einhergehenden Kosten mit ein[30] (siehe Abbildung 3).

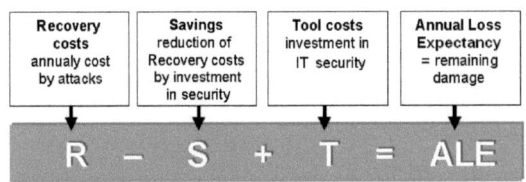

Abbildung 3 - ALE unter Berücksichtigung der Kosten einer IT Sicherheitsmaßnahme[31]

---

[29] Bspw. Anschaffung, Einführung, laufender Betrieb, Änderungen betrieblicher Abläufe, Wartung, etc.

[30] Nachfolgende Berechnungen in Anlehnung an (Berinato, 2002) und (Schmidpeter, 2005a)

[31] In Anlehnung an (Pohlmann, 2004 S. 12)

Unter Bezugnahme auf das zuvor begonnene Zahlenbeispiel lassen sich die Schadensminderungen (=*Savings*) für die beiden Fälle folgendermaßen berechnen:

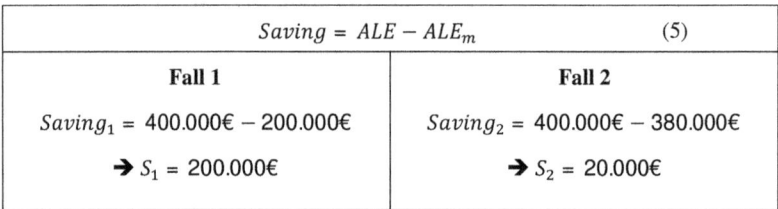

$Saving = ALE - ALE_m$ (5)	
Fall 1	**Fall 2**
$Saving_1 = 400.000€ - 200.000€$	$Saving_2 = 400.000€ - 380.000€$
→ $S_1 = 200.000€$	→ $S_2 = 20.000€$

Tabelle 6 - Einsparungen (Savings) durch die jeweiligen Sicherheitsmaßnahmen

Unter den Annahmen, dass für Fall eins die Antivirus-Software 120.000 € und für Fall zwei die Mitarbeiter-Sensibilisierungskampagne 8.000 € kostet (=*Tool Costs*), ergeben sich mit einem erwarteten Schaden in Höhe von einer Million Euro (=*Recovery Costs*) nach der Formel aus Abbildung 3 folgende Ergebnisse:

$ALE = R - S + T$ (6)	
Fall 1	**Fall 2**
$ALE_1 = 1\ Mio.€ - 200.000€ + 120.000€$	$ALE_2 = 1\ Mio.€ - 20.000€ + 8.000€$
→ $ALE_1 = 920.000€$	→ $ALE_2 = 988.000€$

Tabelle 7 - ALE unter Berücksichtigung der Sicherheitsmaßnahmen

Um nun den RoSI, also den Return eines Sicherheitsinvestments zu berechnen, wird vom erwarteten Schaden der ALE abgezogen (siehe Abbildung 4).

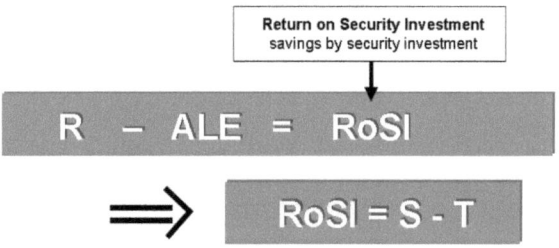

Abbildung 4 - Return on Security Investment[32]

---

[32] In Anlehnung an (Pohlmann, 2004 S. 12)

Für das Zahlenbeispiel ergeben sich damit folgende Werte:

$$RoSI = R - ALE \qquad (7)$$

Fall 1	Fall 2
$RoSI_1 = 1\,Mio.€ - 920.000€$	$RoSI_2 = 1\,Mio.€ - 988.000€$
$\Rightarrow RoSI_1 = 80.000€$	$\Rightarrow RoSI_2 = 12.000€$

Tabelle 8 - Berechnung des RoSI

Ergebnis

Für beide Fälle erhält man nun einen positiven Return, d.h. die Investition war nützlich[33]. Bei einem negativen Ergebnis sind die Ausgaben höher als das, was durch die Maßnahme gewonnen wird. Darüber hinaus kann aus den beiden Ergebnissen noch mehr geschlossen worden. Einerseits ist zu erkennen, dass die Antivirus-Software trotz der höheren Anschaffungskosten in Bezug auf das Endergebnis einen größeren Einsparungseffekt hat. Man kann also die beiden Maßnahmen miteinander vergleichen. Andererseits besteht unter Zuhilfenahme der Formel 8 die Möglichkeit, die Ersparnis ins Verhältnis zu den Kosten zu setzen, um so die Effizienz einer Maßnahme beurteilen zu können:

$Efficiency = \dfrac{(urspr.\ Schadensrisiko)-(Schadensrisiko\ nach\ Maßnahme)}{Kosten\ der\ Maßnahme} = \dfrac{S}{T} \quad (8)[34]$	
Fall 1	**Fall 2**
$Effizienz_1 = \dfrac{200.000€}{120.000€}$	$Effizienz_2 = \dfrac{20.000€}{8.000€}$
$\Rightarrow Effizienz_1 = {\sim}1{,}7$	$\Rightarrow Effizienz_2 = {\sim}2{,}5$

Tabelle 9 - Effizienz-Vergleich der beiden Sicherheitsmaßnahmen

In Bezug auf das verwendete Beispiel einer Virusattacke bietet Fall zwei, die Mitarbeiter-Kampagne, die höchste Effizienz, da die Einsparungen das 2,5-fache des Investments betragen. Die Antivirus-Lösung hingegen erzielt hier lediglich das 1,7-fache.

---

[33] Vgl. (Federrath, 2008 S. 19)
[34] Vgl. (Pfleeger, et al., 2003 S. 507), sowie (Böhme, et al., 2008 S. 179)

3.6 RoSI – Bewertung

Die Einfachheit von RoSI soll nicht darüber hinwegtäuschen, dass das Verfahren nicht nur Vorteile sondern auch Nachteile hat. Folgend eine Gegenüberstellung derselben:

Vorteile

RoSI ist ein strategisch-ökonomischer Messansatz und soll eine Analogie zum klassischen Return on Investment herstellen, welches in der Wirtschaft bereits bekannt ist und für Investmententscheidungen herangezogen wird. RoSI ermöglicht es, verschiedene Sicherheitsmaßnahmen miteinander zu vergleichen und erlaubt Vergleiche dieser Investitionen mit anderen Investitionen außerhalb der IT-Sicherheit[35]. Da die Ausgangsbasis für die RoSI-Berechnungen klare Kennzahlen sind, kann der Zwang, diese zu ermitteln, eine hohe Strukturiertheit im Unternehmen fördern und bspw. zu einem gesteigerten Risikobewusstsein führen – beides durchweg positive Nebeneffekte[36]. Die einfache Form und klare Strukturiertheit macht RoSI leicht verständlich und hat bspw. gegenüber dem Modellansatz von (Soo Hoo, 2000) den Vorteil, vergleichbare Resultate zu erzeugen[37]. Ein weiterer Vorteil ist die Einberechenbarkeit von externen Effekten wie z.b. BASEL II (Erhöhung der Fremdkapitalkosten bspw. durch Strafzinsen wegen nicht angemessener IT Sicherheit im Unternehmen)[38].

Kritik / Nachteile

Einer der Hauptkritikpunkte von RoSI ist, dass sehr präzise Rechnungen auf Basis grober Schätzungen angestellt werden. In der Tat ist das Finden von sinnvollen Werten für die Faktoren der Gleichung keine einfache Aufgabe. Selbst einschlägigen Autoren wie Sonnenreich[39] ist kein Standard bekannt, anhand dessen sich das finanzielle Risiko einer Sicherheitslücke quantifizieren lassen würde. Andererseits ist Genauigkeit auch nicht unbedingt das Ziel – selbst ein „ungenauer" Scoring-Algorithmus ist als Methode zur Risikoermittlung effektiv, weil die (monetäre) Bewertung der Risiken durchgängig und wiederholbar ist und damit die Möglichkeit besteht, den ROI von verschiedenen Sicherheitslösungen zu vergleichen. Auf Basis der berechneten Werte können Verantwortliche dann eine fundierte Entscheidung treffen[40]. RoSI liefert damit eine Antwort auf den grundlegendsten Aspekt der Wirtschaftlichkeit: „Welche dieser Sicherheitsmaßnahmen ist die rentabelste?". Dennoch darf nicht unberücksichtigt bleiben, dass IT-Sicherheitsmanagement nicht nur aus operativen Entscheidungen besteht, sondern bereits auf der strategischen Ebene beginnt.

---

[35] Beispiele bis hier vgl. (Federrath, 2008 S. 20)

[36] Vgl. (Schmidpeter, 2005a S. 4)

[37] Vgl. (Schmidpeter, 2005a S. 8)

[38] Vgl. (Pohlmann, 2004 S. 12)

[39] Vergleiche, auch für die folgenden Ausführungen (Sonnenreich, et al., 2006 S. 46)

[40] Vgl. (Berinato, 2002)

4 Fazit

Für ein IT-Sicherheitsmanagement, welches an Unternehmenszielen ausgerichtet ist, ist die wirtschaftliche Bewertung von Sicherheitsmaßnahmen eine Schlüsselaufgabe. Da die Kosten der Maßnahmen normalerweise ziemlich exakt zu bestimmen sind, ist hingegen der generierte Nutzen nur schwer zu ermitteln. Durch Berechnungsmethoden wie z.b. dem RoSI lassen sich für Sicherheitsmaßnahmen absolute und relative Vergleiche anstellen. Wie das Rechenbeispiel gezeigt hat, ermöglicht das den Verantwortlichen, fundierte Security-Entscheidungen zu treffen, welche sich objektiv an der Wirtschaftlichkeit einer Lösung orientieren.

Weiterhin ist man bei konsequenter Anwendung dieser Methode in der Lage, Wirtschaftlichkeitsaspekte des IT-Sicherheitsmanagement sowohl von Fall zu Fall als auch ganzheitlich zu analysieren sowie dessen monetären Beitrag zum Unternehmenserfolg konkret aufzuzeigen – was exakt der Aufgabenstellung der Studienarbeit entspricht.

Zwar kritisiert Soo Hoo zu Recht, dass alle ALE-basierten Ansätze (somit auch der ROSI) eine für Unternehmen kaum zu realisierende Detailtreue erfordern[41], dennoch steht dem IT-Sicherheitsmanagement mit ROSI eine Möglichkeit zur Verfügung, Investitionen in IT Sicherheit mit für das Management verständlichen Zahlen zu untermauern. Bisher stand ihnen dafür nur die FUD-Methode (Fear, Uncertainty, Doubt) zur Verfügung: das Erzeugen von Angst, Unsicherheit und Zweifeln, welches Entscheidungen aus dem Bauch heraus zur Folge hatte und nicht auf Basis von Wirtschaftlichkeitsaspekten.

Der Vollständigkeit halber muss noch erwähnt werden, dass das hier vorgestellte, einfache Berechnungsmodell nur eines von vielen möglichen Ansätzen ist um die Wirtschaftlichkeit von IT-Sicherheitsmanagement aufzuzeigen. So hat bspw. (Soo Hoo, 2000) das RoSI-Modell um eine Wahrscheinlichkeitsverteilung erweitert, um genauere Ergebnisse zu bekommen. Andere Autoren schlagen die Kapitalwertmethode (Net Present Value, NPV), den internen Zinsfuß (Internal Rate of Return, IRR), den Aspect-Oriented Risk-Driven Development (AORDD) Ansatz sowie die Extended Information Risk Scorecard (EIRS) als Berechnungsansätze vor – nicht ohne jedoch auch auf deren Unzulänglichkeiten hinzuweisen[42].

---

[41] Vgl. (Soo Hoo, 2000)

[42] Vgl. Müßig in (Mörike, 2006 S. 39), sowie (Schmidpeter, 2005b)

Glossar

CRM *Customer Relationship Management*

ERP *Enterprise Resource Planning*

ISO 27001 *Die ISO/IEC-Norm 27001 spezifiziert die Anforderungen für Herstellung, Einführung, Betrieb, Überwachung, Wartung und Verbesserung eines dokumentierten Informationssicherheits-Managementsystems innerhalb einer Organisation*

KonTraG *Gesetz zur Kontrolle und Transparenz im Unternehmensbereich*

PDA *Personal Digital Assistant , ein kleiner tragbarer Computer*

SchülerVZ *ein kostenloses Online-Netzwerk für Schüler*

SCM *Supply Chain Management*

Literaturverzeichnis

Berinato, Scott. 2002. CIO Magazin. *Risikomanagement - Calculated Risk.* [Online] 9. Dezember 2002. [Zitat vom: 30. Dezember 2009.] http://www.cio.de/805114.

Biere, Thomas. 2006. IT-Sicherheitsmanagement und IT-Grundschutz - Vorgehen, Aufwand und Nutzen. [Online] 2006. [Zitat vom: 1. Januar 2010.] http://www.detmold.ihk.de/ihkwww/owlsec/vortrag/3_3.pdf.

Böhme, Rainer und Nowey, Thomas. 2008. Economic Security Metrics. *Dependability Metrics.* Heidelberg : Springer Verlag, 2008, 15, S. 176-187.

BSI. 2008. IT Grundschutzkataloge. *B 1.0 Sicherheitsmanagement.* [Online] Oktober 2008. [Zitat vom: 30. Dezember 2009.] https://www.bsi.bund.de/ContentBSI/grundschutz/kataloge/baust/b01/b01000.html.

CERT. 2009. CERT Statistics (Historical). *Cataloged vulnerabilities.* [Online] Carnegie Mellon University, 12. Februar 2009. [Zitat vom: 1. Januar 2010.] http://www.cert.org/stats/cert_stats.html.

DPA, Hamburg. 2009. www.Handelsblatt.com. *2009 - Das Jahr der Datenpannen und - skandale.* [Online] 1. Dezember 2009. [Zitat vom: 1. Januar 2010.] http://www.handelsblatt.com/newsticker/technologie/jahreswechsel-2009-das-jahr-der-datenpannen-und-skandale;2492608.

Federrath, Prof. Dr. Hannes. 2008. Sicherheitsmanagement Uni Regensburg. *Kosten- und Nutzenbetrachtungen im IT-Sicherheitsmanagement.* [Online] 12. März 2008. [Zitat vom: 30. Dezember 2009.] https://www-sec.uni-r.de/publ/2008/2008-03-12LeipzigFederrath.pdf.

Hofmann, Jürgen. 2007. *Masterkurs IT-Management.* [Hrsg.] Werner Schmidt. 1. Auflage. Wiesbaden : Vieweg, 2007. ISBN 9783528058814.

Krcmar, Prof. Dr. Helmut. 2010. *Informationsmanagement.* Fünfte, vollständig überarbeitete und erweiterte Auflage. Heidelberg : Springer, 2010. ISBN 9783642042850.

Mörike, Michael, [Hrsg.]. 2004. *IT Sicherheit - Praxis der Wirtschaftsinformatik.* Heidelberg : dpunkt.verlag GmbH, 2004. Bd. 236. ISSN 1436-3011.

—. 2006. *Kosten & Nutzen von IT Sicherheit - Praxis der Wirtschaftsinformatik.* [Hrsg.] Stephanie Teufel. Heidelberg : dpunkt.verlag, 2006. Bd. 248. ISSN 1436-011.

Nowey, Thomas, et al. 2005. Ansätze zur Evaluierung von Sicherheitsinvestitionen. *Sicherheit 2005. Beiträge der 2. Jahrestagung des GI-Fachbereichs Sicherheit, Lecture Notes in Informatics (P-62).* 2005, S. 15-26.

Peter, Christian. 2004. *Erfolgsfaktor pro-aktives IT Sicherheitsmanagement.* IBM Global Services, Österreichischer Beratertag 1. 12. 2004.

Pfleeger, Charles P. und Pfleeger, Shari Lawrence. 2003. *Security in Computing.* 3., illustrierte Ausgabe. New Jersey : Prentice Hall PTR, 2003. ISBN 9780130355485.

Pohlmann, Prof. Dr. Norbert. 2004. Institut für Internet-Sicherheit an der FH Gelsenkirchen. *Wirtschaftlichkeitsbetrachtung von IT-Sicherheitsmechanismen.* [Online] 11. Oktober 2004. [Zitat vom: 1. Januar 2010.] http://www.internet-sicherheit.de/fileadmin/docs/publikationen/Wirtschaftlichkeit_ITsec_06_03_04.pdf.

Röhrig, Johannes. 2009. Stern.de. *Datenskandal bei der Telekom deutlich größer.* [Online] stern.de GmbH, 14. Oktober 2009. [Zitat vom: 1. Januar 2010.] http://www.stern.de/wirtschaft/news/unternehmen/millionenfacher-missbrauch-datenskandal-bei-der-telekom-deutlich-groesser-1514518.html.

Schmidpeter, Hannes. 2005a. *ALE basiertes RoSI.* [Online] 12. Juni 2005. [Zitat vom: 2. Januar 2010.] http://www.hasp.de/downloads/uni/diplom/docs/ale_paper.pdf.

—. 2005b. *Modell-basiertes Return on Security Investment (RoSI) im IS-Management der Münchener Rückversicherung.* Lehrstuhl für Software & Systems Engineering, Technische Universität München. 2005.

Sonnenreich, Wes, Albanese, Jason und Stout, Bruce. 2006. Return On Security Investment (ROSI) - A Practical Quantitative Model. [Hrsg.] Australian Computer Society Inc. *Journal of Research and Practice in Information Technology.* February 2006, Bd. 1, Ausgabe 38. http://www.jrpit.acs.org.au/jrpit/jrpitvolumes/jrpit38/jrpit38.1.45.pdf.

Soo Hoo, Kevin J. 2000. *How Much Is Enough? A Risk-Management Approach to Computer Security.* Information Security and Policy, Center for International Security and Cooperation. s.l. : School of Engineering, Stanford University, 2000. Dissertation.

Tsiakis, Theodosios und Stephanides, George. 2005. The economic approach of information security. *Computers & Security.* März 2005, Bd. 2, Ausgabe 24, S. 105-108.